BEI GRIN MACHT SICH IHR WISSEN BEZAHLT

- Wir veröffentlichen Ihre Hausarbeit, Bachelor- und Masterarbeit

- Ihr eigenes eBook und Buch - weltweit in allen wichtigen Shops

- Verdienen Sie an jedem Verkauf

Jetzt bei www.GRIN.com hochladen und kostenlos publizieren

Bibliografische Information der Deutschen Nationalbibliothek:

Die Deutsche Bibliothek verzeichnet diese Publikation in der Deutschen Nationalbibliografie; detaillierte bibliografische Daten sind im Internet über http://dnb.d-nb.de/ abrufbar.

Dieses Werk sowie alle darin enthaltenen einzelnen Beiträge und Abbildungen sind urheberrechtlich geschützt. Jede Verwertung, die nicht ausdrücklich vom Urheberrechtsschutz zugelassen ist, bedarf der vorherigen Zustimmung des Verlages. Das gilt insbesondere für Vervielfältigungen, Bearbeitungen, Übersetzungen, Mikroverfilmungen, Auswertungen durch Datenbanken und für die Einspeicherung und Verarbeitung in elektronische Systeme. Alle Rechte, auch die des auszugsweisen Nachdrucks, der fotomechanischen Wiedergabe (einschließlich Mikrokopie) sowie der Auswertung durch Datenbanken oder ähnliche Einrichtungen, vorbehalten.

Impressum:

Copyright © 2017 GRIN Verlag
Druck und Bindung: Books on Demand GmbH, Norderstedt Germany
ISBN: 9783668682238

Dieses Buch bei GRIN:

https://www.grin.com/document/419284

Martin Schrömges

Antike Motive bei Dracontius und ihre Einordnung in die pagane religio innerhalb des Mythos

GRIN Verlag

GRIN - Your knowledge has value

Der GRIN Verlag publiziert seit 1998 wissenschaftliche Arbeiten von Studenten, Hochschullehrern und anderen Akademikern als eBook und gedrucktes Buch. Die Verlagswebsite www.grin.com ist die ideale Plattform zur Veröffentlichung von Hausarbeiten, Abschlussarbeiten, wissenschaftlichen Aufsätzen, Dissertationen und Fachbüchern.

Besuchen Sie uns im Internet:

http://www.grin.com/

http://www.facebook.com/grincom

http://www.twitter.com/grin_com

Inhaltsverzeichnis

I. Einleitung 2
I. Übersetzung der V. 61–71a 2
II. Sprachliche und inhaltliche Interpretation der V. 61–71a 2
III. Fazit 8
IV. Literaturverzeichnis 9

I. Einleitung

In der vorliegenden Hausarbeit werden die V. 61–71a aus dem *Romuleon* 8 *de raptu Helenae* von Blossius Aemilius Dracontius analysiert, wobei die V. 63 und 66 nur paraphrasiert werden. Die Analyse geschieht unter der Beachtung, dass es sich bei Dracontius um einen christlichen Autor der Spätantike handelt[1], der auch eine Reihe nicht-christlicher Gedichte geschrieben hat, zu denen die zehn *Romulea* zählen. In der Hausarbeit soll untersucht werden, inwiefern sich Dracontius antiker Motive bedient und wie er diese und die pagane *religio* innerhalb des Mythos als christlicher Schriftsteller modifiziert. Die zu bearbeitende Stelle lässt sich insofern in das Kleinepos einordnen, als dass das Proömium mit V. 60 abgeschlossen ist und nun mit V. 61 der Abschnitt folgt, in dem direkt nach dem Paris-Urteil dessen Aufnahme in Troja beschrieben wird (V. 61–212).[2]

I. Übersetzung der V. 61–71a

Nun scheute er sich vor der Herde, die Quellen, die Hütte, die Weiden, die Wälder, die Flüsse und das Land erregten Unlust und die liebliche Hirtenpfeife wurde nicht mehr geliebt. Oenone gefällt ihm nicht mehr, sondern nun wird sie für beinahe hässlich gehalten, seitdem die schöne Venus im Idagebirge ihm eine solche versprach, wie sie es selbst als nackte war: nun verlangte der Hirte nach einer solchen. Nach dem bedeutenden Streit der Göttinnen ekelten den Mann die Felder an, allein Trojas Burg gefiel ihm und sein Wille und die Zukunftsvorhersagen befahlen ihm, Trojas Mauern aufzusuchen. Paris, der als Knabe von seiner geschmeichelten Amme daran erinnert worden war, wusste alles: von welchem Blut er entsprossen war, wer er in Bezug auf sein Geschlecht war und woher er in Bezug auf seine Geburtsstadt war. Und der Hirte raffte die Erkennungszeichen an sich und legte den Weg nach Troja zurück.

II. Sprachliche und inhaltliche Interpretation der V. 61–71a

Vers 61 wird mit *iam* eingeleitet, welches hier den Beginn der Handlung des Kleinepos nach dem Proömium markiert.[3] *Horretur* wird hier als Synonym zu *timetur* oder *horrendus est* gebraucht, was in der passivischen Form des Verbes *horrere* möglich ist.[4] Dazu wurde als auktorialer Dativ[5] *Paridi* ausgelassen.[6] Die darauf folgende asyndetische Reihung[7] *fontes, casa, pascua, silvae, flumina, rura* erzeugt das Bild einer bukolischen Land-

---

[1] Dracontius lebte um 500 n. Chr., vgl. KAUFMANN (2006) 19.
[2] Vgl. SIMONS (2005) 221.
[3] Vgl. OLD 896,1b s.v. iam, wonach *iam* oft den Beginn einer neuen Handlung einleitet.
[4] ThLL VI 3, 2976,31–38 s.v. horreo.
[5] Vgl. KS I (1966), 324.
[6] Vgl. WOLFF (1996) 123.
[7] KS II (1966), 152.

schaft, in der Paris als junger Hirte lebte. Hier wird seine Rolle als *pastor* (vgl. V. 65) hervorgehoben.[8] Am Ende dieser Reihung wird mit *pigent* die innere Abneigung[9] des Paris gegenüber dieser bukolischen Welt ausgedrückt. Nach der Aufzählung der bukolischen Elemente, wird nun mit *nec fistula dulcis amatur* darauf hingewiesen, dass Paris auch seine Gewohnheiten als Hirte wie das Spielen auf der Hirtenpfeife[10] nicht mehr gefallen. Als weiteres bukolisches Element fügt Dracontius in V. 62 eine bukolische Dihärese ein, welche die syntaktisch verbundenen Wörter *fistula* und *dulcis* trennt.[11] Auch dadurch wird die innerliche Abspaltung des Paris vom Hirtenleben, das ihm zuvor noch angenehm war, verdeutlicht.

In V. 63 wird beschrieben, dass Paris seine Oenone nicht mehr anziehend, sondern sogar hässlich findet. Antithetisch dazu stellt Dracontius in V. 64 der Venus als Attribut *pulchra* voran und setzt dieses Merkmal als Gemeinsamkeit mit der dem Paris versprochenen Frau ein[12], was Dracontius durch die relativen Korrelativa *talem ... qualis* verdeutlicht. Durch das Prädikativum *nuda* könnte laut WOLFF (1996) der Eindruck erweckt werden, dass beim Paris-Urteil von den drei Göttinnen nur Venus nackt gewesen sei.[13] Sie habe sich somit einen Vorteil verschafft, da es Paris' Naturell gewesen sei, körperliche Begierden und Verlockungen Macht und Kriegsruhm voranzustellen,[14] welche laut Ovid Iuno und Minerva als Preis versprachen.[15] In V. 65 wird *talem* aus dem vorherigen Vers wieder aufgegriffen und mit *iam* nach V. 61 und 63 zum dritten Mal der Beginn einer neuen Handlung umschrieben, wonach Paris sich nun nach der versprochenen Frau sehnt. Dieses Begehren wird durch *anhelare* zum Ausdruck gebracht, welches hier transitiv ge-

---

[8] Bei Dracontius bleibt Paris trotz seiner späteren Aufnahme in die Königsfamilie Trojas ein *pastor*, was er durch seine zahlreichen Fehlschläge als Mächtiger immer wieder unter Beweis stellt. Durch solch klare Personendarstellungen und Rollenverteilungen schafft Dracontius eine Umgestaltung und Umakzentuierung einzelner Aspekte aus dem bestehenden Paris-Mythos und gibt den Charakteren verankerte Motivationen für ihr Handeln, vgl. SIMONS (2005) 305 und 363.
[9] OLD 1517,b s.v. piget.
[10] ThLL VI 1, 829.78 s.v. fistula, OLD 777,2 s.v. fistula.
[11] In der Regel befindet sich an dieser Stelle bei Auftreten der bukolischen Dihärese ein syntaktischer Einschnitt, vgl. ZGOLL (2012) 93.
[12] Auch bei Ovids Überlieferung des Paris-Urteils wird die Ähnlichkeit zwischen Venus und Helena angesprochen: *His similes vultus, quantum reminiscor, habebat, / venit in arbitium cum Cytherea meum* (Ov. epist. 16,137f.).
[13] Andere Darstellungen legen jedoch dar, dass alle drei Göttinnen nackt gewesen seien, vgl. Prop. 2,2,13f.: *cedite, etiam, divae, quas pastor viderat olim / Idaeis tunicas ponere verticibus*, Ov. epist. 5,35f.: [...] *qua Venus et Iuno sumptusque decentior armis / venit in arbitrium nuda Minerva tuum*; Ov. epist. 17,118: *at Venus hoc pacta est, et in altae vallibus Idae / tres tibi se nudas exhibuere deae.*
[14] Vgl. WOLFF (1996) 123; SIMONS (2005) 289 wertet *nuda* als christliche Polemik, indem sie konstatiert, dass Venus bei anderen christlichen Autoren als *meretrix* und Schöpferin der Prostitution beschrieben wird.
[15] Ov. epist. 16,81.

braucht wird und in diesem Fall mit ‚verlangen nach' übersetzt wird.[16] In V. 66 wird beschrieben, dass Paris auch das unbebaute Land nicht mehr gefällt, nachdem er den Streit zwischen den Göttinnen Venus, Iuno und Minerva geschlichtet hat.

Mit Beschreibungen wie *horrere, piget, non placet, prope turpis* und *sordent* wird in den V. 61–66 eine Stimmung erzeugt, die derjenigen des Paris in Ovids Heroides ähnelt. Speziell im 16. Brief, in dem Paris an Helena schreibt, empfindet Paris *fastidium* gegenüber allen Frauen am Hofe Trojas, seitdem er von seiner künftigen Ehe mit Helena weiß.[17] Diese Ablehnung wird bei Dracontius auf Oenone und das gesamte Hirtenleben ausgeweitet und auf die Zeit unmittelbar nach dem Paris-Urteil vordatiert. Eben diese *fastidia* sieht SIMONS (2005) als Motiv des Aufbruchs aus dem Idagebirge. Dass nicht Helena der alleinige Auslöser des Aufbruchs ist, begründet SIMONS damit, dass Paris nicht direkt zu Helena, sondern nach Troja aufbricht.[18] Der Anspruch auf eine Frau, die der Venus an Schönheit gleichkomme, liegt bei Dracontius in Paris' überhöhtem Selbstwertgefühl begründet, welches er durch seine Rolle als *arbiter* über die drei Göttinnen entwickelt hat.[19] Wie in Romul. 8,65 wirkt Paris nach der Aussicht auf eine schöne Frau auch bei Ovid direkt im Anschluss an die Beschreibung des *fastidium* beinahe euphorisch. So wird bei Ovid Paris' Besessenheit auf Helena dadurch ersichtlich, dass dieser tagsüber seine Augen nicht mehr von ihr abwenden kann und nachts von ihr träumt.[20] Diese Liebesäußerung des Körpers findet sich bei Dracontius durch die Formulierung *talem anhelat*, welches zwar hier mit ‚verlangen nach' übersetzt wird, aber im etymologischen Sinne eine gewisse Atemlosigkeit impliziert.[21]

In den beiden darauf folgenden V. 67–68a wird dargelegt, wohin es Paris zieht, nachdem ihm sein altes Hirtenleben im Idagebirge nicht mehr gefällt: *Pergama sola placent et moenia quaerere Troiae / mens et fata iubent*. Mit *Pergama* wird die Burg von Troja bezeichnet.[22] Neben der Burg als Sitz seiner Familie sind die *moenia* als die Stadtmauern Trojas sein Ziel, welche den vom einfachen Volk bewohnten Stadtteil umgaben[23], aber hier metonymisch für die ganze Stadt stehen. Die Umklammerung des Verses durch *Per-*

---

[16] ThLL II 67,44-47 s.v. anhelo.
[17] Ov. epist. 16,99f.: *Sed mihi cunctarum subeunt fastidia, postquam / coniugii spes est, Tyndari, facta tui.*
[18] Vgl. SIMONS (2005) 242.
[19] ebd. 240.
[20] Ov. epist. 16,101f.: *Te vigilans oculis, animo te nocte videbam, / lumina cum placido victa sopore iacent.*
[21] Vgl. dazu ThLL II 67,61 s.v. anhelus.
[22] OLD 1476 s.v. Pergama.
[23] Vgl. BAATZ (1997) 539, OLD 1238,1 s.v. moenia.

gama und *Troiae* setzt einen weiteren Fokus auf die Stadt Troja als Ziel von Paris' Wünschen. *Quaerere* wird hier als Synonym zu *petere* verwendet[24] und mit der Bedeutung ‚nach etwas streben'[25] übersetzt. Der Ausdruck *mens et fata iubent* birgt einigen Diskussionsstoff, der sowohl durch den Begriff des *fatum* als auch durch die Reihenfolge der Wörter *mens* und *fata* erzeugt wird. Bezeichnen die Begriffe μοῖρα und *fatum* bei den Griechen und bei den durch die Griechen beeinflussten Dichtern Vergil und Horaz den Götterspruch und eine Willenserklärung eines Gottes bzw. der Götter, so waren die *fata* laut OTTO (1909) für Cicero und Livius Schicksalssprüche meist göttlicher Wesen, oftmals auch im Rahmen eines Orakels.[26] Der Begriff leitet sich von *fari* ab, wodurch ersichtlich ist, dass es sich um den „Spruch [und die] Weissagung aus dem Munde göttlicher Seher"[27] handelt. BEGEMANN (2012) übersetzt den Begriff jedoch mit ‚Bestimmungsmacht', die sowohl Ausdruck göttlichen Willens als auch eine menschliche Entscheidung sein kann.[28] In der späten Republik weist *fatum* in den meisten Fällen eine negative Konnotation auf, wobei vor allem Lukrez den Zwang und die Unausweichlichkeit in den Vordergrund stellt und in der Folge ein Wirken des *fatum* im Leben der Menschen ablehnt.[29] Die Willensfreiheit des Menschen ist für ihn wie auch für Dracontius die Voraussetzung eines glücklichen Lebens, zumal sich Dracontius als christlicher Autor negativ zum Schicksalsglauben paganer *religio* positionierte.[30]

Diese Deutung von *fatum* bedenkend lässt SIMONS' (2005) Ausführungen zu jener Stelle plausibel erscheinen, wonach die *fata* für Paris keinem göttlichen oder überirdischen Befehl gleichkommen. Zwar werden mehrfach *fata* in Romul. 8 genannt, jedoch tauchen diese fast nur in den Reden von Helenus, Cassandra, Apoll und Helena auf, wo sie für eigene Zwecke missbraucht werden.[31] Zudem fußt Apolls Macht wie auch die der *fata* bei Dracontius allein auf dem Glauben, den die Menschen ihnen schenken.[32] Ein direktes Eingreifen der Götter ist neben Apolls Rede im gesamten Kurzepos nicht zu finden.

---

[24] Vgl. WOLFF (1996) 16, Anm. 44.
[25] OLD 1687,5 s.v. quaero.
[26] Vgl. hierzu ThLL VI 1,357.11–13. s.v. fatum.
[27] OTTO (1909) 2048f. s.v. fatum.
[28] Vgl. BEGEMANN (2012) 17.
[29] vgl. BEGEMANN (2012) 338f.
[30] Für Dracontius ist richtiges Verhalten eine Sache der Erkenntnis und der Entscheidung des Menschen. Somit sind äußere Faktoren nur selten handlungsbestimmende Faktoren, was die Motive und die Entscheidungen des einzelnen Menschen in den Vordergrund treten lässt, vgl. SIMONS (2005) 364.; vgl. dazu auch Augustinus' Ausführungen in *de libero arbitrio*; zu Lukrez vgl. VON ALBRECHT (2012) 257.
[31] Auf dieselbe Weise setzt Dracontius das *fatum* auch in der *Medea* (Drac. Rom. 10,374f.) und in der *Orestis tragoedia* (Drac. Orest. 144 u. 278) ein.
[32] Vgl. SIMONS (2005) 365.

An dieser Stelle sind mit den *fata* die Ankündigungen der Venus aus dem Paris-Urteil gemeint. Allerdings spielt Venus selbst im weiteren Handlungsverlauf keine Rolle mehr[33] und auch Paris erwähnt diese *fata* an keiner weiteren Stelle.[34] Die oben genannte Deutung von *fatum* im Sinne von ‚Orakel' und ‚Zukunftsvorhersage'[35] vermutet SIMONS (2005) in diesem Zusammenhang.[36] Nachdem in den V. 61–68a die inneren Vorgänge und die Psyche des Paris beschrieben wurden, lässt sich die im Werk einmalige Berufung des Paris auf das *fatum* auf dessen eigenen Willen zurückführen. Diese *fatum*-Interpretation des Paris ist in Dracontius' Charakterzeichnung typisch, da er beispielsweise in Folge des Vogelprodigiums (V. 470–480) flexibel mit der Auslegung und Akzeptanz göttlicher Zeichen umzugehen scheint. Diese Erkenntnis unterstreicht die Untersuchung von *mens*, dem der ThLL an dieser Stelle die Bedeutung ‚Wille' zuordnet.[37] Somit ist auch die Wortreihenfolge von *mens et fata* abbildend für die innere Gewichtung des Paris, nach der sich die *fata* als nützliche Weissagung aus göttlichem Munde der menschlichen Entscheidung und der menschlichen Interpretation der *fata* und damit der *mens* als dem von Dracontius postulierten freien Willen unterordnen.

Im nächsten Satz (V. 68b–71) wird erläutert, woher Paris das Wissen um seine Herkunft hat. Damit wird zudem die Antwort darauf gegeben, wie Paris auf die Idee kommt, das Idagebirge gen Troja zu verlassen und nicht zunächst an anderer Stelle nach der versprochenen Frau zu suchen. Agens zu *monitus* ist *blandita nutrice*[38], welches ein *ablativus instrumentalis* ist. Da *nutrice* hier jedoch als bloße Sache und Werkzeug (der Informationsbeschaffung) fungiert, kann die Präposition *a* an dieser Stelle entfallen.[39] *Blandita* ist an dieser Stelle passivisch aufzufassen[40], wodurch verdeutlicht wird, dass Paris bereits als Kind[41] den Frauen schmeichelte, was ihm auch später beim Raub der Helena dienlich war.

---

[33] Vgl. dazu Drac. Romul. 8,229, wo Venus gänzlich in den Hintergrund tritt und nun gar mit Iuno kollaboriert.
[34] Vgl. SIMONS (2005) 288 und 294.
[35] Vgl. Anm. 27.
[36] Vgl. SIMONS (2005) 295.
[37] ThLL VIII 726,56 s.v. mens.
[38] Vgl. VOLLMER (1905) 434.
[39] KS I (1966), 380, Anm. 1.; HS (1965) 122 merkt jedoch an, dass gerade in der Dichtersprache und vor allem im Spätlatein das *a* beim Agens oft wegfällt. Die Interpretation von *blandita* untermauert die Auslegung jedoch.
[40] Vgl. WOLFF (1996) 124: Weder im ThLL noch im OLD ist bei *blandior* ein entsprechender Hinweis notiert, wonach dieses Verb eine passivische Bedeutung besitzen kann. Im KS I (1966), 111 wird jedoch erwähnt, dass sehr selten Deponentien, deren aktive Form nie in Gebrauch war, auch eine passivische Bedeutung haben. Vorzugsweise geschieht dies, wenn das Verb im Partizip des Perfekts „von Sachen gebraucht wird", was an dieser Stelle durch die entsprechende Auffassung der *nutrix* vorliegt, wie es durch das fehlende *a* des Ablativs oben so interpretiert und erläutert wurde.
[41] Dem Subjekt *Paris* wird hier als Prädikativum *puer* (V. 69) beigestellt.

Eine Amme, die Paris an seine Herkunft erinnern[42] konnte, wird in keiner weiteren Überlieferung des Paris-Mythos erwähnt. Jedoch zitiert WOLFF (1996) die Mythographi Vaticani 2,225 (197) und Dictys, nach welchen Hekuba Paris vor dem durch Priamos angeordneten Mord bewahrte, indem sie ihn heimlich einem Hirten übergab, der den Jungen aufziehen sollte.[43] In diesem Zusammenhang könnte sie auch eine Amme beauftragt haben. Dracontius erweitert den Paris-Mythos also um eine Person und präzisiert damit die Informationen um Paris' Jugend.

Was Paris von seiner Amme erfahren hat, wird in drei kurzen indirekten Fragesätzen[44] ausgedrückt: *quo sanguine cretus, qui genus, unde domus*, die zudem aus zwei Vergilstellen zitiert sind.[45] *Cretus* mit Ablativ hat die Bedeutung ‚entsprungen von'.[46] *Quo* und *qui* haben hier die Funktion von adjektivischen Interrogativpronomen, da das Bezugswort *Paris puer* im Hauptsatz genannt wird.[47] Die Wendung *qui genus, unde domus* ist leicht verändert aus Verg. Aen. 8,114 übernommen worden, wo es *qui genus, unde domo* heißt.[48] Auch bei Plt. Poen. 1376 und an anderen Stellen Vergils[49] steht *domo* als Formel zur Bezeichnung des Geburtsortes und ist dort als Ablativ des Ursprungs aufzufassen.[50] *Genus* ist ein *accusativus graecus*, der in dieser Form von Vergil aus dem Griechischen τίνες τὸ γένος übertragen wurde.[51] *Domus* ist an der vorliegenden Stelle ebenfalls ein *accusativus graecus*, womit diese beiden indirekten Fragen parallel konstruiert sind. Dabei ist *domus* ein poetischer Plural und kann in der Bedeutung ‚Geburtsstadt'[52] im Singular übersetzt werden.[53] Die Emendation der Handschriften durch PEIPER setzt wie Vergil an dieser Stelle *domo*, wobei VOLLMER (1905) in seiner textkritischen Ausgabe den Handschriften folgte.[54] *Unde* wird hier als pronominales Adverb verwendet und ersetzt ein mögliches Rela-

---

[42] Vgl. ThLL VIII 1406,10ff. s.v. moneo.
[43] Vgl. WOLFF (1996) 124f.
[44] Vgl. VOLLMER (1905) 438.
[45] Verg. Aen. 2,74; Verg. Aen. 8,114.
[46] OLD 502,1b s.v. cresco.
[47] KS I (1966), 655.
[48] Nur bei Hor. epist. 1,7,52 und Sen. dial. 12,6,3 taucht *unde domo* auf. Weitere Nennungen stellen intertextuelle Bezüge zur Aeneisstelle dar. Auch Isidor übernahm die Vergilstelle in leicht veränderter Form: *quid genus, unde domum?* (Isid. Orig. 2,17). In Hinblick auf weitere Funde des Ausdrucks *unde domum* lässt sich schließen, dass diese Formulierung erst in der Spätantike in Gebrauch war (vgl. Paul. Nol. Car. 16,17).
[49] Vgl. Verg. Aen. 10,139; Verg. Aen. 10,182.
[50] HS (1965) 105.
[51] HS (1965) 37.
[52] OLD 628,4 s.v. domus.
[53] Eine Begründung für die Verwendung des poetischen Plurals zu finden ist oftmals mit großer Schwierigkeit verbunden. MAURACH (2006) 84f. gibt verschiedene Gründe dafür an: Substantive mit pluralischem Sinn, rhetorische Steigerung, Analogien, metrische Gründe und Hiat-Vermeidung. An dieser Stelle ist der Grund am ehesten in der Metrik zu finden, da die zweite Silbe hier eine Positionslänge ist.
[54] Vgl. VOLLMER (1905) 158.

tivpronomen wie *a quo*.⁵⁵ Die Pointe dieser Intertextualität liegt darin begründet, dass Pallas in der Aeneis diese Worte an Aeneas und dessen Gefolge richtet, als diese sich mit ihren Schiffen der italischen Küste nähern. Sowohl bei Vergil als auch bei Dracontius ist die Antwort: aus Troja. Zur Interpretation tragen solche intertextuellen Einschübe bei Dracontius wenig bei, weil sich sein Publikum in Vorgängertexten nicht verlieren sollte.⁵⁶ Nach der Penthemimeres folgt der Satz *rapiensque crepundia pastor / Troianum carpebat iter*. *Rapiens* wird hier in der Bedeutung ‚an sich raffen'⁵⁷ verwendet und hat als Akkusativobjekt *crepundia*. *Crepundia* sind Rasseln, die Kindern oftmals um den Hals gebunden und auch als Identifikationshilfe verwendet wurden.⁵⁸ Wie auch an dieser Stelle geben die *crepundia* oftmals ausgesetzten Kindern einen Hinweis auf ihre Familie.⁵⁹ Ovid erwähnt in seiner Darstellung des Paris-Mythos ebenfalls Wiedererkennungszeichen, bezeichnet sie aber lediglich als *signa*, welche seine königliche Herkunft bestätigen.⁶⁰ Was damit gemeint ist und woher diese kommen, bleibt unerwähnt. Bei Dracontius ist die Herkunft und Deutung dieser *crepundia* auf die Amme zurückzuführen. Auch in diesem Punkt erweitert Dracontius den Paris-Mythos um ein weiteres Detail. Die Junktur *carpebat iter* kann mit ‚den Weg einschlagen' übersetzt werden.⁶¹ Die Wendung *Troianum iter* ist synonym mit *iter ad Troiam* zu verstehen⁶², was eine seltene Erscheinung ist.⁶³

III. Fazit

Es ist erkennbar geworden, dass Dracontius zwar mit Elementen aus den Werken Ovids und Vergils arbeitet und auch bukolische Elemente in seine Dichtung einfließen lässt, jedoch gelingt ihm durch seine Charakterfärbung des Paris und die christliche Interpretation des paganen Mythos eine neue Darstellung des Paris-Mythos. Dabei erweitert er auch inhaltlich den bestehenden Paris-Mythos um teils nur angedeutete Elemente. In *Romuleon* 8 bedeuten das Paris-Urteil und die damit verbundene Rolle des Paris als Richter über die Göttinnen den Wendepunkt in seinem Leben, sodass er – im Glauben nun zu weiteren höheren Aufgaben berufen zu sein – seines Hirtenlebens überdrüssig wird und seine Heimat

---

[55] HS (1965) 208.
[56] Zwar wird Dracontius' Lesepublikum als gebildet beschrieben, genaue Kenntnisse der antiken Texte werden aber nicht vorausgesetzt, sodass auch die Vandalen, die teilweise die antiken Texte lasen und sich um klassische Bildung bemühten, durch die Auffindung und gleichzeitige Einordnung und Interpretation der Intertextualitäten nicht überfordert und so am Lesefluss nicht gehindert waren, vgl. KAUFMANN (2006) 45ff.
[57] OLD 1733,1 s.v. rapio.
[58] OLD 502,1 s.v. crepundia.
[59] ThLL IV 1174,56–65. s.v. crepundia.; WOLFF (1996) 125.
[60] Ov. epist. 16,89f.: *Interea, credo versis ad prospera fatis, / regius adgnoscor per rata signa puer*.
[61] ThLL III 493,74f. s.v. carpo; OLD 306,8 s.v. carpo.
[62] ThLL VII 2, 540.14-17 s.v. iter.
[63] Vgl. WOLFF (1996) 125.

Troja anstrebt. Die *fata* der Venus, nach denen er eine schöne Frau heiraten wird, kommen ihm dabei gelegen und unterstützen seinen Willen, das alte Leben hinter sich zu lassen.

IV. Literaturverzeichnis

1. Textausgaben, Kommentare und Übersetzungen

VOLLMER (1905)   Fl. Meribaudis reliquiae Blossii Aemilii Dracontii carmina Eugenii Toletani episcopi carmina et epistulae: cum appendicula carminum spuriorum edidit Fridericus VOLLMER (MGH.A.A. 14) Berlin 1905 (ND 1964).

WOLFF (1996)   Dracontius Œuvre Tome IV, Poèmes profanes VI-X Fragments, texte établi et traduit par Étienne WOLFF, Paris 1996.

2. Lexika, Wörterbücher, Konkordanzen und Grammatiken

BAATZ (1997)   BAATZ, Dietwulf: DNP 2 (1997) 540f. s.v. Befestigungswesen.

ZGOLL (2012)   ZGOLL, Christian: Römische Prosodie und Metrik, Darmstadt 2012.

HS (1965)   Lateinische Grammatik von LEUMANN-HOFMANN-SZANTYR, 2. Bd.: Lateinische Syntax und Stilistik von Johann Baptist HOFMANN, neubearbeitet von Anton SZANTYR (HdA II.2.2), München 1965.

KS (1966)   Ausführliche Grammatik der lateinischen Sprache von Dr. Raphael KÜHNER. Erster und Zweiter Band: Satzlehre, neubearbeitet von Dr. Carl STEGMANN, Hannover 1966.

MAURACH (2006)   MAURACH, Gregor: Lateinische Dichtersprache, Darmstadt ^{2}2006.

OTTO (1909)   OTTO, Walter Friedrich: RE VI (1909) 2047-2051 s.v. fatum.

3. Fachpublikationen

BEGEMANN (2012)   BEGEMANN, Elisabeth: Schicksal als Argument. Ciceros Rede vom *fatum* in der späten Republik, Stuttgart 2012.

KAUFMANN (2006)   KAUFMANN, Helen: Dracontius Romul. 10 (Medea), Einleitung, Text, Übersetzung und Kommentar, Heidelberg 2006.

SIMONS (2005)   SIMONS, Roswitha: Dracontius und der Mythos. Christliche Weltsicht und pagane Kultur in der ausgehenden Spätantike. Beiträge zur Altertumskunde, Band 186, Leipzig 2005.

VON ALBRECHT (2012)   VON ALBRECHT, Michael: Geschichte der römischen Literatur, Berlin ^{3}2012.

BEI GRIN MACHT SICH IHR WISSEN BEZAHLT

- Wir veröffentlichen Ihre Hausarbeit, Bachelor- und Masterarbeit
- Ihr eigenes eBook und Buch - weltweit in allen wichtigen Shops
- Verdienen Sie an jedem Verkauf

Jetzt bei www.GRIN.com hochladen und kostenlos publizieren